英検 最短合格シリーズ

Grade 4

英検®4級

出る順で最短合格!
単熟語

● CD + ◢ 暗記用フィルター

ジャパンタイムズ 編

英検®は、公益財団法人日本英語検定協会の登録商標です。

the japan times 出版

　英検では、語句や会話表現の正しい使いかた、読む力、聞く力などのさまざまな英語の力が試されます。そしてどんな問題を解く場合でも、出題される語句をしっかり身につけておくことは欠かせません。

　この本では、英検4級で過去に出題された問題をていねいに分析し、よく出題される語句を重要度の順に並べました。すべての項目に、イメージのわく楽しいイラストと、短くて覚えやすい例文がついています。付属のCDを聞きながら何度も練習して、英検に合格するのに必要な単語力を身につけましょう。

はじめまして。ワシはハカセじゃ。
エイコといっしょにがんばろう！

わたしはエイコ。
単語の勉強をがんばって、英語で何でも言えるようになるんだ。

　この本を使ってみなさんが合格の栄冠を手にされることを、心よりお祈りしています！

　最後に、この本の刊行にあたり、すべての英文に目を通してくださったジュード・ポージン氏に、深くお礼申し上げます。

編者

■ 英検について

　文部科学省後援　実用英語技能検定（通称:英検）は、英語の四技能「読む、聞く、話す、書く」を総合的に測定する全国規模の試験です。大学入試や高校入試における優遇や英語科目の単位としての認定を行う学校が年々増え、またアメリカやオーストラリアなどの大学における留学要件と認められるなど、その社会的評価は高まっています。

　英検を受験する皆さんは、自己の英語能力の評価基準としてばかりでなく、国際化時代を生きる「国際人」たりうる資格として、さらには生涯学習の目標として、英検を大いに活用してください。

■ 試験概要

(1) 実施機関

　試験を実施しているのは、(財) 日本英語検定協会です。

　ホームページ http://www.eiken.or.jp/ では、試験に関する情報・優遇校一覧などを公開しています。

(2) 試験日程

　試験は年3回行われます（二次試験は3級以上）。

第1回検定	一次試験	6月	二次試験	7月
第2回検定	一次試験	10月	二次試験	11月
第3回検定	一次試験	1月	二次試験	2月

はじめに … 3　英検について … 4　この本の使いかた … 6

第1章　名詞　　9
コラム1　家族 …………………………………… 44

第2章　形容詞・副詞・前置詞　45
コラム2　職業 …………………………………… 64

第3章　動詞　65
コラム3　国・言語 ……………………………… 86

第4章　熟語　87
コラム4　不規則動詞① ………………………… 108

第5章　会話表現　109
コラム5　不規則動詞② ………………………… 122

さくいん ………………………………………… 123

この本の使いかた

この本は、みんなが英検4級に合格できるよう、2005年以降の問題をていねいに分析して作られているよ。ここで使いかたを確認しておこう！

1. 重要度
過去問のデータ分析から判定された重要度だよ。

2. チェックボックス
それぞれの項目についているチェックボックスを使って、確実に覚えるまで何度もくり返し学習しよう。

3. 見出し項目
見出し項目は、重要度順に並んでいるよ。

4. 発音記号
発音記号はアメリカ発音を採用しているよ。

5. 訳語
訳語は、過去問の分析で「よく出る」と判断されたものを取り上げているよ。カラーフィルターでかくせるようになっているので、確実に覚えていこう。

6. 例文
すべての項目に短くて覚えやすい例文がついているので、例文ごと覚えるようにすると単語力はぐんとアップするんだ。（第5章は、見出し項目じたいが具体的な会話形式になっているよ）

●この本で使っている記号とアイコン
( )… 補足情報、あるいは省略可能であることを表します。
〈 〉… 動詞の目的語になるものを表します。
名 … 名詞　形 … 形容詞　副 … 副詞　前 … 前置詞　動 … 動詞　過去形 … 不規則動詞の過去形
do … いろいろな動詞が入ることを表します。

CD 33

208

bring [bríŋ] 過去形 **brought**
動 ～を持ってくる、連れてくる
My mother **brought** a towel to me.
母がタオルを持ってきてくれました。

209

swim [swím] 過去形 **swam**
動 泳ぐ
He can **swim** very fast.
彼はとても速く泳ぐことができます。

210

love [lʌ́v]
動 ～が大好きである
He **loves** chocolate.
彼はチョコレートが大好きです。

チェック30　日本語に合う英文になるように、□□□にあてはまる語句を選ぼう。

▶ 彼女は友だちといっしょに歩いています。

She is □□□ with her friends.

1　walking　　2　asking　　3　swimming

---

8. イラスト
単語・熟語のすべての項目にイラストがついているからわかりやすいね。単語や熟語をイメージに結びつけて、記憶にしっかり定着させよう。

9. CDのトラック番号
付属のCDには、すべての見出し項目、日本語訳、例文（英語）、章末コラムが収録されているよ。くり返し聞いて、聞く力もつけよう。

10. チェック
それぞれの見開きページの最後に、練習問題がついているよ。見出し項目がきちんと覚えられているか確認しよう。（正解は次のページの一番下にあるよ）

---

7. ワンポイント・アドバイス
見出し項目を覚えるときに注意すべき点を、ワシとエイコが教えるよ。

音声の聞き方

　本書の音声はジャパンタイムズ出版の音声アプリ、または付属の CD で聞くことができます。(62 分 38 秒)

> 第 1 章～第 4 章…見出し項目（単語・熟語）▶ 訳語 ▶ 例文（英語）
> 第 5 章…………見出し項目（会話表現）▶ 訳文
> 章末コラム………見出し項目（単語）▶ 訳語

 スマートフォン

1. ジャパンタイムズ出版の音声アプリ「OTO Navi」をインストール
2. OTO Navi で本書を検索
3. OTO Navi で音声をダウンロードし、再生

3 秒早送り・早戻し、繰り返し再生などの便利機能つき。学習にお役立てください。

 CD

付属の CD は再生機器の種類により、不具合を生じる場合があります。ご使用に際しての注意事項につきましては、以下のウェブサイトをご覧ください。

http://bookclub.japantimes.co.jp/act/cd.jsp

編集協力：前川朋子, 日本アイアール (株)
イラスト：島津敦 (Pesco Paint)
カバー・本文デザイン／ DTP 組版：清水裕久 (Pesco Paint)
CD ナレーション：Josh Keller, Carolyn Miller, 水月優希
CD 収録：ELEC 録音スタジオ

第1章
名詞
めいし

重要度 ★★★ 英検4級で非常によく出題される名詞じゃ。確実に覚えよう。

001

practice [præktis]

名 練習　動 〜を練習する

I have soccer **practice** today.
わたしはきょう、サッカーの練習があります。

002

restaurant [réstərənt]

名 レストラン

They are eating dinner at a **restaurant**.
彼らはレストランで夕ごはんを食べています。

つづりに注意しようね。

003

library [láibrèri]

名 図書館

They often study at the **library**.
彼らはよく図書館で勉強します。

004

trip [tríp]

名 旅

Eiko enjoyed her **trip** to New York.
エイコはニューヨークへの旅を楽しみました。

005

subject [sʌ́bdʒekt]

名 ❶ 科目　❷ (メールの) 件名

My favorite **subject** is English.
わたしの一番好きな科目は英語です。

006

festival [féstəvl]

名 祭り、フェスティバル

Our school **festival** is in October.
わたしたちの文化祭は10月にあります。

007

ticket [tíkət]

名 切符、入場券

She got the **ticket** for the concert.
彼女はコンサートのチケットを買いました。

チェック1　日本語に合う英文になるように、（　）にあてはまる語句を選ぼう。

▶ わたしの一番好きな科目は英語です。

My favorite （　　　　） is English.

1 practice　2 festival　3 subject

重要度

008 ☐☐☐

beach [bíːtʃ]
名 ビーチ

They went to the **beach** last summer.
彼らは前の夏にビーチに行きました。

009 ☐☐☐

fun [fʌ́n]
名 楽しみ

They had a lot of **fun** at the party.
彼らはパーティをとても楽しみました。

010 ☐☐☐

problem [prάbləm]
名 問題

This math **problem** is easy.
この数学の問題は簡単です。

011 ☐☐☐

weather [wéðər]
名 天気、天候

The **weather** was not good yesterday.
きのうは天気がよくありませんでした。

チェック 1 の答え　3

012

hotel [houtél]

発音に注意しようね。

名 ホテル

We stayed at a famous **hotel**.
わたしたちは有名なホテルに滞在しました。

013

boat [bóut]

発音に注意しようね。

名 ボート

They rode on a **boat** at the lake.
彼らは湖でボートに乗りました。

014

vacation [veikéiʃən]

名 (長期)休暇

I went camping on my summer **vacation**.
わたしは夏休みにキャンプに行きました。

チェック2 日本語に合う英文になるように、□にあてはまる語句を選ぼう。

▶ きのうは天気がよくありませんでした。

The □ was not good yesterday.

1 weather   2 problem   3 vacation

重要度 ★★★

015 □□□

team [tíːm]

名 チーム

He is on the school soccer **team**.
彼は学校のサッカーチームに所属しています。

016 □□□

garden [gáːrdn]

名 庭

There are some flowers in the **garden**.
庭には花がさいています。

017 □□□

umbrella [ʌmbrélə]

名 かさ

I bought a new **umbrella**.
わたしは新しいかさを買いました。

018 □□□

farm [fáːrm]

名 農場

I visited a **farm** last week.
先週わたしは農場(おとず)を訪れました。

チェック 2 の答え　1

019

band [bǽnd]

名 バンド

The **band** had a concert last night.
その バンド は昨夜コンサートを開きました。

020

e-mail [íːmèil]

名 E メール

He is writing an **e-mail**.
彼は E メール を書いています。

021

airport [éərpɔ̀ːrt]

名 空港

I took a taxi to the **airport**.
わたしは 空港 までタクシーに乗りました。

チェック 3　日本語に合う英文になるように、（　　）にあてはまる語句を選ぼう。

▶ 先週わたしは農場を訪れました。

I visited a （　　　　　　） last week.

1 band　2 farm　3 garden

重要度 ★★★

022

salad [sǽləd]

名 サラダ

She made some tomato **salad** for lunch.
彼女は昼ごはんにトマトサラダを作りました。

023

town [táun]

名 町

My grandfather lives in a small **town**.
わたしの祖父は小さな町に住んでいます。

024

thing [θíŋ]

名 もの、こと

I have many **things** to do today.
きょうわたしにはやることがたくさんあります。

025

fruit [frúːt]

名 くだもの

I'd like some **fruit**.
わたしはくだものがほしいです。

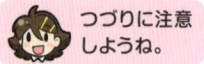
つづりに注意しようね。

チェック 3 の答え 2

026 □□□

college [kálidʒ]

名 大学

He learns Chinese at **college**.
彼は大学で中国語を学んでいます。

027 □□□

season [síːzn]

名 季節

My favorite **season** is fall.
わたしの一番好きな季節は秋です。

028 □□□

picnic [píknik]

名 ピクニック

We really enjoyed the **picnic**.
わたしたちはピクニックをとても楽しみました。

チェック 4 日本語に合う英文になるように、（　　）にあてはまる語句を選ぼう。

▶ 彼は大学で中国語を学んでいます。

He learns Chinese at （　　　　）．

1 college　　2 town　　3 fruit

重要度 ★★★

029 □□□

vegetable [védʒətəbl]

名 野菜

He often buys **vegetables** at the store.
彼はよくその店で野菜を買います。

030 □□□

museum [mjuːzíəm]

名 博物館

The **museum** is closed on Mondays.
その博物館は毎週月曜日が休みです。

アクセントに注意しようね。

031 □□□

history [hístəri]

名 歴史

He is studying American **history** at college.
彼は大学でアメリカの歴史を勉強しています。

032 □□□

contest [kántest]

名 コンテスト、競技

He will sing in a **contest** next week.
彼は来週コンテストで歌う予定です。

チェック4の答え　1

033

sale [séil]

名 セール、特売

There is a **sale** at the supermarket today.

きょうそのスーパーマーケットでセールがあります。

034

hobby [hábi]

名 趣味

My father's **hobby** is to play golf.

わたしの父の趣味はゴルフをすることです。

035

beef [bíːf]

名 牛肉

She made **beef** stew last night.

彼女は昨夜ビーフシチューを作りました。

チェック5 日本語に合う英文になるように、□□□にあてはまる語句を選ぼう。

▶ わたしの父の趣味はゴルフをすることです。

My father's □□□ is to play golf.

1 museum   **2** contest   **3** hobby

重要度

036 □□□

way [wéi]

名 道、行きかた

Which **way** should we go?
わたしたちはどちらの道を行ったらいいでしょう。

037 □□□

meeting [míːtiŋ]

名 会議

We have a **meeting** at four today.
わたしたちはきょう、4時に会議があります。

038 □□□

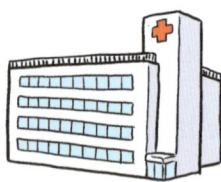

hospital [háspitl]

名 病院

I'm going to the **hospital**.
わたしは病院に行くところです。

039 □□□

floor [flɔ́ːr]

名 ❶ 階 ❷ 床

The restaurant is on the fifth **floor**.
レストランは5階にあります。

チェック5の答え　3

040

place [pléis]

名 場所

This garden is my favorite **place**.
この庭はわたしの一番好きな場所です。

041

plane [pléin]

名 飛行機

airplane とも言うよ！

We went to Fukuoka by **plane**.
わたしたちは飛行機で福岡に行きました。

042

lake [léik]

名 湖

The **lake** is very beautiful.
その湖はとても美しいです。

チェック6 日本語に合う英文になるように、（　　）にあてはまる語句を選ぼう。

▶ わたしは病院に行くところです。

I'm going to the （　　　　）.

1 meeting　2 hospital　3 floor

重要度 ★★☆ 英検4級でよく出題される名詞じゃ。しっかり覚えよう。

043

clothes [klóuz]

名 衣服

He likes his new **clothes**.
彼は新しい服が気に入っています。

044

golf [gálf]

名 ゴルフ

My father plays **golf** on weekends.
父は毎週末にゴルフをします。

045

member [mémbər]

名 一員、メンバー

How many **members** are there on your soccer team?
あなたのサッカーチームには何人のメンバーがいますか。

046

volunteer [vàləntíər]

名 ボランティア

They are working as **volunteers**.
彼らはボランティアとして働いています。

 アクセントに注意しようね。

047

stew [st(j)úː]

名 シチュー

I made beef **stew** yesterday.
わたしはきのうビーフシチューを作りました。

048

program [próugræm]

アクセントに注意しようね。

名 番組

She often watches sports **programs** after dinner.
彼女はよく夕ごはんのあとにスポーツ番組を見ます。

049

dress [drés]

名 ドレス

She went to the store to buy a new **dress**.
彼女は新しいドレスを買うために店に行きました。

チェック 7 日本語に合う英文になるように、（　　　）にあてはまる語句を選ぼう。

▶ 彼は新しい服が気に入っています。

He likes his new （　　　　　）.

1 clothes　2 stew　3 program

重要度 ★★☆

050

speech [spíːtʃ]

名 演説、スピーチ

Everyone enjoyed his **speech**.
みんなが彼のスピーチを楽しみました。

051

map [mǽp]

名 地図

There is a **map** of Europe on the wall.
かべにヨーロッパの地図がはってあります。

052

movie theater [múːvi θìətər]

名 映画館

I went to the **movie theater** last Sunday.
先週の日曜日、わたしは映画館に行きました。

053

top [táp]

名 頂上

They saw the sun from the **top** of the mountain.
彼らは山の頂上から太陽を見ました。

チェック 7 の答え　1

054

cherry [tʃéri]

名 さくら

We will have a picnic under the **cherry** trees.
わたしたちはさくらの木の下でピクニックをする予定です。

055

street [stríːt]

名 通り

They are walking on the **street**.
彼らは通りを歩いています。

056

poster [póustər]

名 ポスター

There is a **poster** on the wall.
かべにポスターがはってあります。

チェック 8 日本語に合う英文になるように、□にあてはまる語句を選ぼう。

▶ 彼らは通りを歩いています。

They are walking on the □□□.

1 map **2** top **3** street

重要度 ★★☆

057

dolphin [dálfin]
名 イルカ

She likes **dolphins** very much.
彼女はイルカがとても好きです。

058

elephant [éləfənt]
名 ぞう

My favorite animal is **elephants**.
わたしの一番好きな動物はぞうです。

059

size [sáiz]
名 サイズ、寸法

Do you have these shoes in a bigger **size**?
このくつのもっと大きいサイズはありますか。

060

report [ripɔ́:rt]
名 レポート、報告書

reporterは「(新聞やテレビの)記者」って意味だよ。

I have to write a **report** for history class.
わたしは歴史の授業のレポートを書かなければなりません。

061

sea [síː]

名 海

They stayed at the hotel by the **sea**.
彼らは海のそばのホテルに滞在しました。

062

information [ìnfərméiʃən]

名 情報

For more **information**, ask Ms. Ono.
もっと情報がほしい人は、小野先生に聞いてください。

063

key [kíː]

名 かぎ

I can't find my house **key**.
家のかぎが見つかりません。

チェック9 日本語に合う英文になるように、（　　）にあてはまる語句を選ぼう。

▶ 彼らは海のそばのホテルに滞在しました。

They stayed at the hotel by the （　　）.

1 key　**2** sea　**3** report

重要度 ★★☆

064

snack [snæk]

名 軽食、おやつ

I got **snacks** at the store.
わたしはその店で軽食を買いました。

065

word [wə́ːrd]

名 単語、ことば

He knows some French **words**.
彼はいくつかのフランス語の単語を知っています。

066

match [mǽtʃ]

名 試合

I often watch tennis **matches** on TV.
わたしはよくテレビでテニスの試合を見ます。

067

classmate [klǽsmèit]

名 同級生、クラスメート

Eiko and Sam are **classmates**.
エイコとサムは同級生です。

チェック9の答え　2

068

apartment [əpáːrtmənt]

名 アパート、マンション

My family lives in an **apartment**.
わたしの家族はアパートに住んでいます。

069

corner [kɔ́ːrnər]

名 曲がりかど

There is a post office at the **corner**.
曲がりかどに郵便局(ゆうびんきょく)があります。

070

language [lǽŋgwidʒ]

名 言語

Sam speaks two **languages**.
サムは2つの言語を話します。

チェック10 日本語に合う英文になるように、□にあてはまる語句を選ぼう。

▶ サムは2つの言語を話します。

Sam speaks two □ .

1 languages　2 matches　3 corners

重要度

071

puppy [pʌ́pi]
名 子犬

They have a cute **puppy**.
彼らはかわいい子犬を飼っています。

072

doughnut [dóunʌ̀t]
名 ドーナツ

He made **doughnuts** last night.
彼は昨夜、ドーナツを作りました。

073

lunchtime [lʌ́ntʃtàim]
名 ランチタイム

We went to the cafeteria at **lunchtime** today.
わたしたちはきょうランチタイムにカフェテリアに行きました。

074

penguin [péŋgwin]
名 ペンギン

We saw **penguins** at the zoo.
わたしたちは動物園でペンギンを見ました。

チェック10の答え　1

075

taxi [tæksi]

名 タクシー

He drives a yellow **taxi**.
彼は黄色いタクシーを運転しています。

076

stadium [stéidiəm]

発音に注意しようね。

名 スタジアム

We watched a baseball game at the **stadium**.
わたしたちはスタジアムで野球の試合を見ました。

077

cell phone [sél fòun]

名 携帯(けいたい)電話

He is using a **cell phone**.
彼は携帯電話を使っています。

チェック11 日本語に合う英文になるように、□ にあてはまる語句を選ぼう。

▶ 彼は携帯電話を使っています。

He is using a □ .

1 puppy   2 cell phone   3 stadium

重要度 ★★☆

078

socks [sáks]
名 くつ下

I want to buy new **socks**.
わたしは新しいくつ下を買いたいです。

079

toast [tóust]
名 トースト

He usually eats some **toast** for breakfast.
彼はいつも朝ごはんにトーストを食べます。

080

lemon [lémən]
名 レモン

She made a **lemon** pie yesterday.
彼女はきのう、レモンパイを作りました。

081

news [n(j)úːz]
名 知らせ、ニュース

I have good **news**.
いい知らせがあります。

発音に注意しようね。

082

amusement park
[əmjúːzmənt pàːrk]

名 遊園地

Let's go to the **amusement park** next Sunday.
次の日曜日に遊園地に行きましょう。

083

drum [drʌ́m]

名 ドラム、たいこ

He plays the **drums** in the band.
彼はそのバンドでドラムを演奏しています。

084

part [pɑ́ːrt]

名 部分

I like the first **part** of the story.
わたしはその物語の最初の部分が好きです。

チェック12 日本語に合う英文になるように、（　　　）にあてはまる語句を選ぼう。

▶ わたしは新しいくつ下を買いたいです。

I want to buy new （　　　）．

1　socks　　2　news　　3　parts

重要度 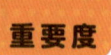 英検4級でねらわれる可能性の高い名詞じゃ。がんばって覚えよう。

085

world [wə́ːrld]

名 世界

There is a **world** map on the wall.
かべに世界地図がはってあります。

086

cheese [tʃíːz]

名 チーズ

Put more **cheese** on the pizza.
ピザの上にチーズをもっとのせてください。

087

question [kwéstʃən]

名 質問

She asked some **questions** to Hakase.
彼女はハカセにいくつかの質問をしました。

088

radio [réidiou]

名 ラジオ

発音に注意しようね。

She often listens to the **radio**.
彼女はよくラジオを聞きます。

チェック12の答え　1

089

sky [skái]

名 空

There are a lot of dark clouds in the **sky**.

空にはたくさんの暗い雲があります。

090

face [féis]

名 顔

He is washing his **face**.

彼は顔をあらっています。

091

toy [tɔ́i]

名 おもちゃ

This **toy** is very popular.

このおもちゃはとても人気があります。

チェック13 日本語に合う英文になるように、（　　）にあてはまる語句を選ぼう。

▶ 空にはたくさんの暗い雲があります。

There are a lot of dark clouds in the 〔　　　〕.

1 toy　2 face　3 sky

重要度 ★☆☆

092

uniform [júːnəfɔ̀ːrm]

名 制服

アクセントに注意しようね。

I wear a **uniform** at school.
わたしは学校では制服を着ます。

093

onion [ʌ́njən]

名 たまねぎ

She is cutting some **onions**.
彼女はいくつかのたまねぎを切っています。

094

washing machine

[wɑ́ʃiŋ məʃíːn]

名 洗濯機(せんたくき)

My mother is using the **washing machine**.
母は洗濯機を使っています。

095

paper [péipər]

名 紙

She wrote her name on the **paper**.
彼女は紙に名前を書きました。

096

cloud [kláud]

名 くも

Look at that big **cloud**.
あの大きなくもを見てください。

097

trumpet [trʌ́mpət]

アクセントに注意しようね。

名 トランペット

He can play the **trumpet**.
彼はトランペットを演奏することができます。

098

salt [sɔ́ːlt]

名 塩

Can you pass me the **salt**?
塩を取ってくれますか。

チェック14 日本語に合う英文になるように、　　　　　にあてはまる語句を選ぼう。

▶ 彼女は紙に名前を書きました。

She wrote her name on the 　　　　　　.

1 cloud   2 paper   3 salt

重要度 ★☆☆

099

star [stá:r]

名 ❶ 星 ❷（芸能界などの）スター

We saw a lot of **stars** last night.
わたしたちは昨夜、たくさんの星を見ました。

100

tent [tént]

名 テント

We slept in a **tent** on the mountain.
わたしたちは山でテントの中で寝ました。

101

price [práis]

名 価格、値段

The **price** of the apple is one dollar.
そのりんごの値段は1ドルです。

102

painting [péintiŋ]

名 絵

There is a **painting** on the wall.
かべに絵がかかっています。

103

elevator [éləvèitər]

アクセントに注意しようね。

名 エレベーター

They took the **elevator** to the fifth floor.

彼らは5階までエレベーターに乗りました。

104

gift [gíft]

名 贈りもの

This is a **gift** from my father.

これは父からの贈りものです。

105

gate [géit]

名 門

Let's meet at the front **gate** of the zoo.

動物園の正門のところで会いましょう。

チェック15 日本語に合う英文になるように、（　　）にあてはまる語句を選ぼう。

▶ そのりんごの値段は1ドルです。

The （　　　　　） of the apple is one dollar.

1 star　2 gift　3 price

重要度 ★☆☆

106
peach [píːtʃ]

名 もも

I ate some **peaches** today.
わたしはきょう、ももをいくつか食べました。

107
elementary school [èləméntəri skùːl]

名 小学校

My sister goes to **elementary school**.
妹は小学校に通っています。

108
seat [síːt]

名 座席

She is sitting in the **seat** on the bus.
彼女はバスの座席に座っています。

109
nurse [nə́ːrs]

名 看護師

He wants to be a **nurse** in the future.
彼は将来、看護師になりたいと思っています。

チェック15の答え　3

110

towel [táuəl]

名 タオル

発音に注意しようね

Can I use this **towel**?
このタオルを使ってもいいですか。

111

ship [ʃíp]

名 船

He will travel by **ship** this summer.
彼はこの夏、船で旅をする予定です。

112

sheep [ʃíːp]

名 羊

sheep は複数形も sheep だよ！

We saw a lot of **sheep** on the farm.
わたしたちは農場でたくさんの羊を見ました。

チェック16 日本語に合う英文になるように、（　　　）にあてはまる語句を選ぼう。

▶ 彼は将来、看護師になりたいと思っています。

He wants to be a （　　　　　） in the future.

1 ship　2 nurse　3 peach

重要度 ★☆☆

113
schoolyard [skúːljàːrd]
名 校庭

He runs in the **schoolyard** every morning.
彼は毎朝、校庭を走ります。

114
dream [dríːm]
名 夢

My **dream** is to become a singer.
わたしの夢は歌手になることです。

115
quiz [kwíz]
名 クイズ

Sam likes **quiz** shows.
サムはクイズ番組が好きです。

116
knife [náif]
名 ナイフ

つづりに注意しようね。

She is cutting the cake with a **knife**.
彼女はナイフでケーキを切っています。

チェック16の答え 2

117

address [ədrés]
名 住所、(Eメールの)アドレス

Please tell me your new **address**.
あなたの新しい住所を教えてください。

118

pond [pánd]
名 池

There is a small **pond** near here.
この近くに小さな池があります。

119

mailbox [méilbàks]
名 郵便受け

There were many letters in the **mailbox**.
郵便受けにたくさんの手紙が入っていました。

チェック17 日本語に合う英文になるように、（　　　）にあてはまる語句を選ぼう。

▶ あなたの新しい住所を教えてください。

Please tell me your new 　　　　　　　.

1 mailbox　　2 dream　　3 address

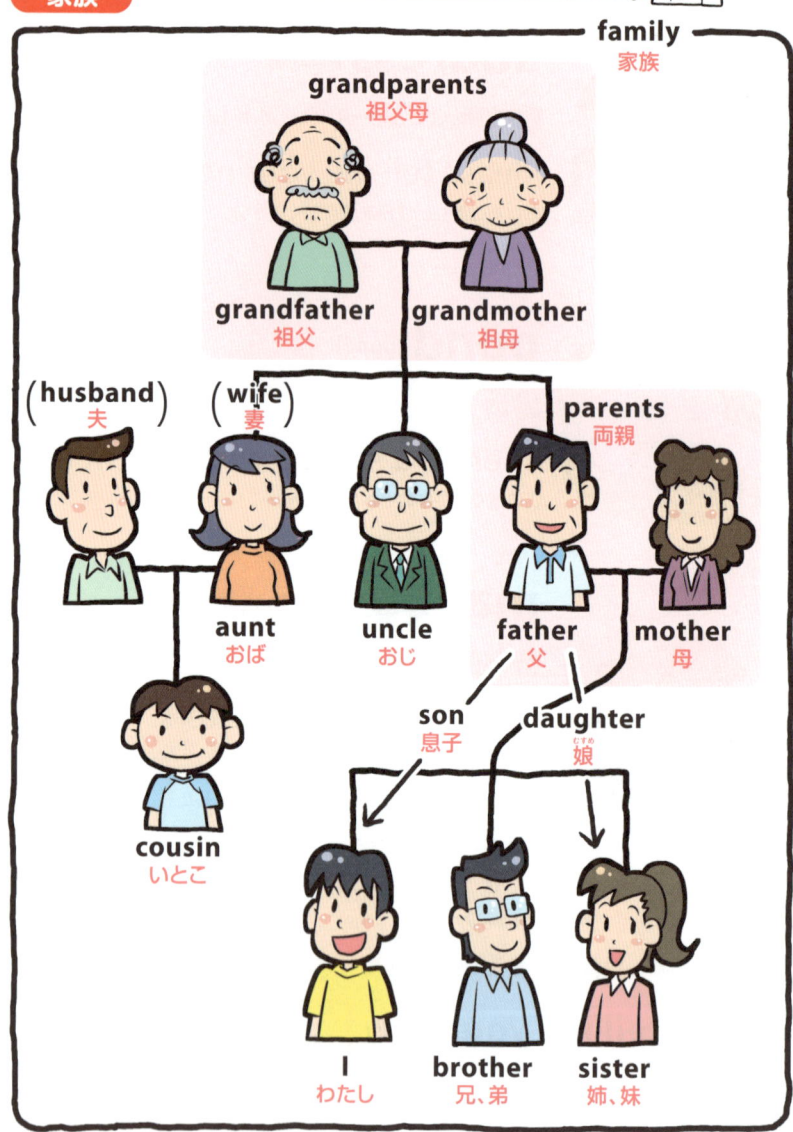

このページでは、家族関係を表す単語を覚えよう。

家族

- **family** 家族
- **grandparents** 祖父母
  - **grandfather** 祖父
  - **grandmother** 祖母
- **(husband)** 夫
- **(wife)** 妻
- **aunt** おば
- **uncle** おじ
- **parents** 両親
  - **father** 父
  - **mother** 母
- **son** 息子
- **daughter** 娘
- **cousin** いとこ
- **I** わたし
- **brother** 兄、弟
- **sister** 姉、妹

チェック17の答え　3

第2章 形容詞・副詞・前置詞

この章では英検によく出題される形容詞や副詞、前置詞を勉強するよ！

形容詞・副詞・前置詞とは、名詞や動詞にくっついて、それらをくわしく説明するためのことばじゃ。

重要度 ★★★ 英検4級で非常によく出題される形容詞・副詞・前置詞じゃ。確実に覚えよう。

120

favorite [féivərət]

形 一番好きな

His **favorite** food is chocolate.
彼の一番好きな食べものはチョコレートです。

121

next [nékst]

形 次の

What time is the **next** bus?
次のバスは何時ですか。

122

late [léit]

形 遅れた、遅刻した

I'm sorry, I'm **late**.
遅れてごめんなさい。

123

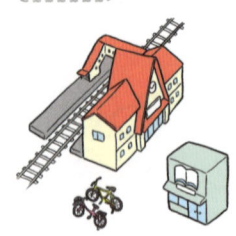

near [níər]

前 ～の近くに　形 近くの

The bookstore is **near** the station.
その本屋は駅の近くにあります。

124

often [ɔ́fn]

発音に注意しようね。

副 しばしば、よく

He **often** uses a computer.
彼はよくコンピュータを使います。

125

together [təgéðər]

副 いっしょに

Let's play the guitar **together**.
いっしょにギターをひきましょう。

126

first [fə́ːrst]

形 ❶ はじめての ❷ 第1の

It was her **first** trip to New York.
それは彼女にとってはじめてのニューヨーク旅行でした。

チェック18 日本語に合う英文になるように、（　　　）にあてはまる語句を選ぼう。

▶ 遅れてごめんなさい。

I'm sorry, I'm （　　　　　）.

1 late　2 next　3 first

重要度 ★★★

127

ago [əgóu]
副 〜前に

My family went to Hokkaido two weeks **ago**.
わたしの家族は2週間前に北海道に行きました。

128

ready [rédi]
形 用意ができた

Sam, dinner is **ready**.
サム、夕ごはんの用意ができましたよ。

129

busy [bízi]
形 いそがしい

発音に注意しようね。

She is **busy** today.
彼女はきょう、いそがしいです。

130

early [ə́ːrli]
副 早く

He got up **early** this morning.
彼はけさ、早く起きました。

チェック18の答え　1

131

soon [súːn]

副 すぐに、もうすぐ

Lunch will be ready soon.
すぐに昼ごはんの用意ができます。

132

again [əgén]

副 もう一度、再び

**I can't hear you.
Please say it again.**
あなたの言うことが聞こえません。もう一度言ってください。

133

open [óupn]

形 (店などが) 開いている　動 ～を開ける

That shop is open today.
その店はきょう開いています。

チェック19　日本語に合う英文になるように、[　　　]にあてはまる語句を選ぼう。

▶ 彼女はきょう、いそがしいです。

She is [　　　　　] today.

1 busy　2 open　3 ready

重要度 ★★★

134

hungry [híŋgri]

形 空腹の

I'm **hungry**.
わたしはおなかがすいています。

135

tired [táiərd]

形 疲れた

He is very **tired** today.
彼はきょうとても疲れています。

136

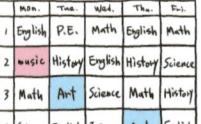

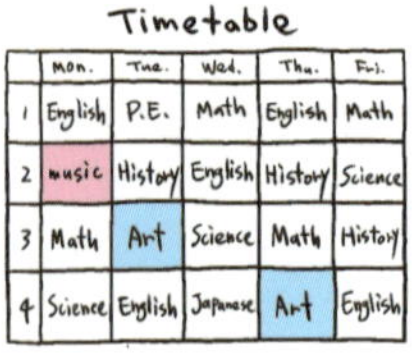

once [wʌ́ns]

「年に1度」は once a year と言うよ。

副 1度、1回

We have music classes **once** a week.
わたしたちは週に1度、音楽の授業があります。

137

sick [sík]

形 病気の

She is **sick** today.
きょう彼女は病気です。

チェック19の答え　1

138

full [fúl]

形 いっぱいの、満腹の

I'm **full**.
わたしはおなかがいっぱいです。

139

hot [hát]

形 (気候が) 暑い、(温度が) 熱い

It's **hot** today.
きょうは暑いです。

140

free [frí:]

形 ❶ ひまな、自由な　❷ 無料の

I'm **free** today.
わたしはきょうひまです。

チェック20　日本語に合う英文になるように、　　　　　にあてはまる語句を選ぼう。

▶ わたしはおなかがいっぱいです。

I'm 　　　　　.

1 free　　2 full　　3 hungry

重要度 ★★★

141

beautiful [bjúːtəfl]

形 美しい、きれいな

The trees are **beautiful** in spring.
春は木々が美しいです。

142

difficult [dífikʌlt]

形 難しい

This problem is very **difficult**.
この問題はとても難しいです。

143

only [óunli]

副 ただ〜だけ

発音に注意しようね。

The watermelon is **only** three dollars.
そのすいかはたったの3ドルです。

144

famous [féiməs]

形 有名な

She is a **famous** pianist.
彼女は有名なピアニストです。

チェック20の答え　2

145

interesting [íntərəstiŋ]

形 おもしろい

His speech was very **interesting**.
彼のスピーチはとてもおもしろかったです。

146

twice [twáis]

「1度」は once だったよね。

副 2度、2回

We have art classes **twice** a week.
わたしたちは週に2度美術の授業があります。

147

gray [gréi]

形 灰色(はいいろ)の

The sky is **gray** today.
きょうは空が灰色です。

チェック21 日本語に合う英文になるように、[   ]にあてはまる語句を選ぼう。

▶ この問題はとても難しいです。

This problem is very [   ].

1 famous   2 interesting   3 difficult

重要度 ★★★

148

bad [bǽd]

形 悪い

The weather is **bad** this week.
今週は天気が悪いです。

149

hard [há:rd]

副 一生けんめいに　形 厳しい

They are practicing **hard** for a game.
彼らは試合に向けて一生けんめい練習しています。

150

cute [kjú:t]

形 かわいい

This dog is **cute**.
この犬はかわいいです。

151

also [ɔ́:lsou]

副 〜もまた、さらに

Cindy plays the violin.
She **also** plays the piano.
シンディはバイオリンをひきます。彼女はまた、ピアノもひきます。

チェック21の答え　3

152

different [dífərənt]

形 ❶ さまざまな ❷ 違った

They sell **different** kinds of vegetables at that shop.
その店ではさまざまな種類の野菜を売っています。

153

sunny [sʌ́ni]

形 晴れた

It's **sunny** today.
きょうは晴れています。

154

special [spéʃl]

形 特別の

She is in a **special** dress.
彼女は特別なドレスを着ています。

チェック22 日本語に合う英文になるように、（　　）にあてはまる語句を選ぼう。

▶ この犬はかわいいです。

This dog is （　　）.

1 cute　2 different　3 sunny

重要度 ★★☆ 英検4級でよく出題される形容詞・副詞・前置詞じゃ。しっかり覚えよう。

155

outside [àutsáid]

副 外は、外で

It's dark **outside**.
外は暗いです。

156

excited [iksáitid]

形 興奮した、わくわくした

Tomorrow is their school festival. They are **excited**.
あしたは彼らの文化祭です。彼らはわくわくしています。

157

sad [sǽd]

形 悲しい

She read a **sad** story last night.
彼女は昨夜、悲しい物語を読みました。

158

rainy [réini]

形 雨の

It's **rainy** today.
きょうは雨です。

チェック22の答え　1

159

around [əráund]

前 ❶ 〜のあちこちを　❷ 〜ごろ

He showed Cindy **around** the town.
彼はシンディに町のあちこちを案内しました。

160

someday [sʌ́mdèi]

副 いつか

I want to visit London **someday**.
わたしはいつかロンドンを訪れたいと思っています。

161

closed [klóuzd]

形 閉まった、休業の

close は「〜を閉める」という意味の動詞だよ。

The shop is **closed** today.
きょうその店は休みです。

チェック23　日本語に合う英文になるように、（　　　）にあてはまる語句を選ぼう。

▶ きょうは雨です。

It's （　　　） today.

1 rainy　2 excited　3 sad

重要度 ★★☆

162

popular [pápjələr]
形 人気がある

This restaurant is very **popular**.
このレストランはとても人気があります。

163

warm [wɔ́ːrm]
形 あたたかい

It is **warm** today.
きょうはあたたかいです。

164

cloudy [kláudi]
形 くもった

It's **cloudy** today.
きょうはくもっています。

165

sleepy [slíːpi]
形 ねむい

I am still **sleepy**.
わたしはまだねむいです。

チェック23の答え 1

166

quiet [kwáiət]
形 静かな

Everyone, please be **quiet**.
みなさん、静かにしてください。

167

large [láːrdʒ]
形 大きい、広い

London is a **large** city.
ロンドンは大きな都市です。

168

delicious [dilíʃəs]
形 とてもおいしい

アクセントに注意しようね。

These cakes look **delicious**.
これらのケーキはとてもおいしそうです。

チェック24 日本語に合う英文になるように、（　　）にあてはまる語句を選ぼう。

▶ このレストランはとても人気があります。

This restaurant is very（　　　　）.

1 cloudy　2 quiet　3 popular

重要度 ★★☆

169

heavy [hévi]

形 重い

These boxes are **heavy**.
これらの箱は重いです。

170

thirsty [θə́ːrsti]

形 のどがかわいた

I'm **thirsty**.
わたしはのどがかわいています。

171

surprised [sərpráizd]

形 驚いた

Eiko was very **surprised**.
エイコはとても驚きました。

172

useful [júːsfl]

形 役に立つ

The cell phone is very **useful**.
携帯電話はとても役に立ちます。

173

young [jʌ́ŋ]
形 若い

Do you know that **young** woman?
あなたはあの若い女の人を知っていますか。

174

easy [íːzi]
形 簡単な、やさしい

My math homework is **easy**.
数学の宿題は簡単です。

175

professional [prəféʃnəl]
形 プロの

She is a **professional** singer.
彼女はプロの歌手です。

チェック25 日本語に合う英文になるように、□にあてはまる語句を選ぼう。

▶ 携帯電話はとても役に立ちます。

The cell phone is very □ .

1 heavy　　2 professional　　3 useful

176

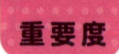

same [séim]
形 同じ

They are in the **same** class.
彼らは同じクラスです。

177

angry [ǽŋgri]
形 怒って

Her mother is **angry**.
彼女の母は怒っています。

178

easily [íːzəli]
副 簡単に

She found the pen **easily**.
彼女は簡単にペンを見つけました。

179

dirty [də́ːrti]
形 きたない、よごれた

She cleaned her room and got **dirty**.
彼女は部屋をそうじして、よごれました。

180

slowly [slóuli]

副 ゆっくりと

He is swimming **slowly** in the river.

彼は川の中をゆっくりと泳いでいます。

181

smart [smá:rt]

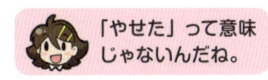

形 利口(りこう)な

「やせた」って意味じゃないんだね。

Hakase is very **smart**.

ハカセはとても利口です。

182

across [əkrɔ́(:)s]

前 〜のむこう側の、むこう側に

Look at that house **across** the street.

通りのむこう側のあの家を見てください。

チェック26 日本語に合う英文になるように、□にあてはまる語句を選ぼう。

▶ 彼女の母は怒っています。

Her mother is □.

1 dirty　2 angry　3 smart

職業

このページでは、いろいろな職業を表す単語を覚えよう。

nurse
看護師

singer
歌手

doctor
医者

pilot
パイロット

taxi driver
タクシーの運転手

fire fighter
消防士

actor
俳優

artist
芸術家

writer
作家

pianist
ピアニスト

チェック26の答え　2

第3章
動詞

この章では英検によく出題される動詞を覚えよう!

動詞とは、人やものの動きや状態を表すことばじゃよ。

重要度 ★★★ 英検4級に非常によく出題される動詞じゃ。確実に覚えよう。

183

go [góu] 過去形 **went**

動 行く

She often **goes** to the store.
彼女はよくその店に行きます。

184

want [wánt]

動 〜がほしい

I **want** a new skirt.
わたしは新しいスカートがほしいです。

185

talk [tɔ́:k]

動 話す、おしゃべりをする

They are **talking** on the phone.
彼らは電話で話しています。

186

buy [bái] 過去形 **bought**

動 〜を買う

They are **buying** ice cream.
彼らはアイスクリームを買っています。

187

ほかに「遊ぶ」という意味もあるぞ！

play [pléi]

動 ❶〈スポーツ〉をする　❷〈楽器〉を演奏する

He **plays** baseball every Sunday.
彼は毎週日曜日に野球をします。

188

get [gét]　過去形 **got**

動 ❶ ～を手に入れる、買う
　❷ ～になる

I **got** a T-shirt at that store.
わたしはその店でTシャツを買いました。

189

take [téik]　過去形 **took**

動 ❶〈乗りもの〉に乗る
　❷〈写真〉をとる

She often **takes** a bus.
彼女はよくバスに乗ります。

チェック27

日本語に合う英文になるように、□にあてはまる語句を選ぼう。

▶ 彼らは電話で話しています。

They are □ on the phone.

1 buying　2 talking　3 playing

重要度 ★★★

190

come [kʌ́m] 過去形 came

動 来る

They **came** to my birthday party last Sunday.
彼らは前の日曜日、わたしの誕生日パーティに来ました。

191

see [síː] 過去形 saw

動 ❶ ～を見る ❷ ～に会う

They went to **see** a movie last night.
彼らは昨夜、映画を見にいきました。

192

help [hélp]

動 (～を)手伝う 名 助け

Can you **help** me?
手伝ってくれる?

193

meet [míːt] 過去形 met

動 (～に)会う

Let's **meet** at the park.
公園で会いましょう。

チェック27の答え　2

194

eat [íːt] 過去形 ate

動 ❶ ～を食べる ❷ 食事をする

She is **eating** some rice.
彼女はごはんを食べています。

195

watch [wátʃ]

動 ～を見る 名 うで時計

She usually **watches** TV after dinner.
彼女はふつう、夕ごはんのあとにテレビを見ます。

196

visit [vízit]

動 ～を訪れる 名 訪問

I **visited** Hakase's house yesterday.
わたしはきのう、ハカセの家を訪れました。

チェック28 日本語に合う英文になるように、（　　）にあてはまる語句を選ぼう。

▶ 手伝ってくれる?

Can you （　　　　　） me?

1 help　2 visit　3 watch

重要度 ★★★

197

look [lúk]

動 ❶ ～に見える ❷ 見る

He **looks** very sleepy.
彼はとてもねむそうです。

198

stay [stéi]

動 滞在(たいざい)する

They **stayed** at the hotel for three days.
彼らはそのホテルに3日間滞在しました。

199

give [gív] 過去形 gave

動 ～を与える

She **gave** Sam a book for his birthday.
彼女はサムに誕生日に本をあげました。

200

clean [klíːn]

動 ～をそうじする、きれいにする　形 きれいな

She **cleans** her room every Saturday.
彼女は毎週土曜日に、部屋をそうじします。

チェック28の答え　1

201

call [kɔ́:l]

動 ～に電話をかける　名 電話をかけること

She **called** Sam last night.
彼女は昨夜、サムに電話をかけました。

202

find [fáind]　過去形 found

動 ～を見つける

She **found** the pen behind the desk.
彼女は机の後ろにペンを見つけました。

203

write [ráit]　過去形 wrote

動 ～を書く

She often **writes** letters to her friends.
彼女はよく友だちに手紙を書きます。

発音に注意しようね。

チェック29

日本語に合う英文になるように、□にあてはまる語句を選ぼう。

▶ 彼女は机の後ろにペンを見つけました。

She □ the pen behind the desk.

1 gave　2 wrote　3 found

重要度 ★★★

204

need [níːd]

動 ～が必要だ

He **needs** a new umbrella.
彼は新しいかさが必要です。

205

teach [tíːtʃ]　過去形 taught

動 ～を教える

Ms. Ono **teaches** English.
小野先生は英語を教えます。

206

walk [wɔ́ːk]

発音に注意しようね。

動 歩く、歩いて行く　名 散歩

She is **walking** with her friends.
彼女は友だちといっしょに歩いています。

207

ask [ǽsk]

動 ❶（～を）たずねる、質問する　❷ ～に頼む

The man **asked**,
"Where is ABC bank?"
「ABC銀行はどこですか」と男性はたずねました。

チェック29の答え　3

208

bring [bríŋ]　過去形 **brought**

動 ～を持ってくる、連れてくる

My mother **brought** a towel to me.
母がタオルを持ってきてくれました。

209

swim [swím]　過去形 **swam**

動 泳ぐ

He can **swim** very fast.
彼はとても速く泳ぐことができます。

210

love [lʌ́v]

動 ～が大好きである

He **loves** chocolate.
彼はチョコレートが大好きです。

チェック30

日本語に合う英文になるように、（　　）にあてはまる語句を選ぼう。

▶ 彼女は友だちといっしょに歩いています。

She is （　　　　　） with her friends.

1 walking　2 asking　3 swimming

重要度 ★★★

211

ride [ráid] 過去形 rode

動 (〜に)乗る

She sometimes **rides** her bike to school.
彼女はときどき自転車に乗って学校に行きます。

212

leave [líːv] 過去形 left

動 ❶ 去る、出発する
　 ❷ 〜を置き忘れる

The train **leaves** at three.
その電車は3時に出発します。

213

know [nóu] 過去形 knew

動 〜を知っている

Do you **know** that man?
あの男の人を知っていますか。

発音に注意しようね。

214

wash [wáʃ]

動 〜をあらう

She is **washing** her hands.
彼女は手をあらっています。

チェック30の答え　1

215

show [ʃóu]
動 ～を見せる　名 ショー、見せもの

She **showed** a picture to Eiko.
彼女はエイコに写真を見せました。

216

finish [fíniʃ]
動 ❶ ～を終える　❷ 終わる

I always **finish** my homework before dinner.
わたしはいつも夕ごはんの前に宿題を終えます。

217

speak [spíːk]　過去形 spoke
動 ～を話す、おしゃべりをする

The woman **speaks** French.
その女の人はフランス語を話します。

チェック31　日本語に合う英文になるように、（　　）にあてはまる語句を選ぼう。

▶ 彼女はエイコに写真を見せました。

She （　　　　　　　） a picture to Eiko.

1 knew　2 showed　3 rode

重要度 ★★★

218

drink [dríŋk] 過去形 **drank**

動 〜を飲む

He **drinks** milk every day.
彼は毎日牛乳を飲みます。

219

send [sénd] 過去形 **sent**

動 〜を送る

Cindy often **sends** letters to her.
シンディはよく彼女に手紙を送ります。

220

use [júːz]

動 〜を使う

Can I **use** your computer?
あなたのコンピュータを使ってもいいですか。

221

draw [drɔ́ː] 過去形 **drew**

動 (線で)〜を描く

He is **drawing** a picture.
彼は絵を描いています。

チェック31の答え　2

222

tell [tél] 過去形 **told**

動 ～に話す、～を伝える

Please **tell** me about your trip to Hawaii.
あなたのハワイ旅行について話してください。

223

sing [síŋ] 過去形 **sang**

動 ～を歌う

Eiko is **singing** a song.
エイコは歌を歌っています。

224

become [bikʌ́m] 過去形 **became**

動 ～になる

She wants to **become** a singer.
彼女は歌手になりたいと思っています。

チェック32 日本語に合う英文になるように、□ にあてはまる語句を選ぼう。

▶ あなたのコンピュータを使ってもいいですか。

Can I □ your computer?

1 draw　2 send　3 use

重要度 ★★★

225

put [pút] 過去形 put
動 ～を置く

She **put** some photos on the table.
彼女は数まいの写真をテーブルの上に置きました。

226

learn [lə́:rn]
動 ～を学ぶ

Sam is **learning** French.
サムはフランス語を学んでいます。

(Bonjour!)

227

forget [fərgét] 過去形 forgot
動 ～を忘れる

She **forgot** her homework at home.
彼女は宿題を家に忘れました。

228

wear [wéər] 過去形 wore
動 ～を着ている

Eiko **wears** a uniform every day.
エイコは毎日制服を着ています。

229

try [trái]

動 (〜を)試す、試食する

She **tried** the ice cream.
彼女はそのアイスクリームを試食しました。

230

answer [ǽnsər]

動 〜に答える、応答する　名 答え

Hakase **answered** her question.
ハカセは彼女の質問に答えました。

231

run [rʌ́n]　過去形 ran

動 走る

He **runs** on the grounds every morning.
彼は毎朝、グラウンドを走ります。

チェック33

日本語に合う英文になるように、[　　　]にあてはまる語句を選ぼう。

▶ ハカセは彼女の質問に答えました。

Hakase [　　　　　] her question.

1　answered　　2　tried　　3　learned

重要度 ★★☆ 英検4級でよく出題される動詞じゃ。しっかり覚えよう。

232

hear [híər] 過去形 **heard**

動 ～が聞こえる

I couldn't **hear** you.
あなたの言っていることが聞こえませんでした。

233

sleep [slíːp] 過去形 **slept**

動 ねむる　名 ねむり

A cat is **sleeping** on the chair.
ねこがいすの上でねむっています。

234

catch [kǽtʃ] 過去形 **caught**

動 ～をつかまえる
名 キャッチボール

They **caught** a big fish at the lake.
彼らは湖で大きな魚をつかまえました。

235

cut [kʌ́t] 過去形 **cut**

動 ～を切る

She is **cutting** a cake.
彼女はケーキを切っています。

236

end [énd]

動 終わる

The concert will **end** at eight p.m.
コンサートは午後8時に終わる予定です。

237

begin [bigín]　過去形 began

動 ～を始める

She usually **begins** to make breakfast at six o'clock.
彼女はふだん6時に朝ごはんを作り始めます。

238

feel [fíːl]　過去形 felt

動 ～の感じがする

I **feel** sick today.
わたしはきょう病気のような感じがします。

チェック34 日本語に合う英文になるように、□にあてはまる語句を選ぼう。

▶ コンサートは午後8時に終わる予定です。

The concert will □ at eight p.m.

1 end　2 begin　3 feel

重要度 ★★☆

239

travel [trǽvl]
動 旅行する

He **traveled** by ship last summer.
彼は前の夏に船で旅をしました。

240

win [wín] 過去形 won
動 ～に勝つ

They **won** the soccer game.
彼らはサッカーの試合に勝ちました。

241

drive [dráiv] 過去形 drove
動 運転する、車で行く

We **drove** to the amusement park yesterday.
わたしたちはきのう、遊園地に車で行きました。

242

remember [rimémbər]
動 ～を覚える、覚えている

He has to **remember** those French words.
彼はそれらのフランス語の単語を覚えなければなりません。

チェック34の答え　1

243

sell [sél]　過去形 sold

動 ～を売る

They will **sell** cookies at the school festival.

彼らは文化祭でクッキーを売る予定です。

244

lose [lúːz]　過去形 lost

動 ～を失う、なくす

He **lost** his key.

彼はかぎをなくしました。

245

plant [plént]

動 ～を植える

They **planted** some trees in the park.

彼らは公園に何本かの木を植えました。

チェック35　日本語に合う英文になるように、[　　　]にあてはまる語句を選ぼう。

▶ 彼はかぎをなくしました。

He [　　　] his key.

1 won　**2** lost　**3** remembered

重要度 ★★☆

246

change [tʃéindʒ]

動 ～を取りかえる、着がえる　名 おつり

He is **changing** his clothes.
彼は服を着がえています。

247

invite [inváit]

動 ～を招待する

Eiko **invited** Hakase and Sam to her party.
エイコはハカセとサムをパーティに招待しました。

248

close [klóuz]

動 ❶〈まど・ドアなど〉を閉める
❷（お店などが）閉まる

Close the door.
ドアを閉めなさい。

249

smile [smáil]

動 ほほえむ

When he saw me, Hakase **smiled**.
ハカセはわたしを見るとほほえみました。

チェック35の答え　2

250

check [tʃék]

動 ～を調べる

They **checked** the Internet to learn about dolphins.
彼らはイルカについて学ぶためにインターネットを調べました。

251

join [dʒɔ́in]

動 ～に加わる、参加する

He **joined** the band last year.
彼は昨年そのバンドに参加しました。

252

receive [risíːv]

動 ～を受け取る

She **received** a letter from Cindy.
彼女はシンディから手紙を受け取りました。

チェック36 日本語に合う英文になるように、（　　　）にあてはまる語句を選ぼう。

▶ 彼は昨年そのバンドに参加しました。

He （　　　　　） the band last year.

1 joined　2 invited　3 changed

このページでは、国と言語を表す単語を覚えよう。

国

France	フランス
China	中国
Japan	日本
the U.S.	アメリカ
Canada	カナダ
Spain	スペイン
England	イギリス
Italy	イタリア
Australia	オーストラリア
New Zealand	ニュージーランド
Thailand	タイ
Brazil	ブラジル

言語

English
英語

Japanese
日本語

French
フランス語

Chinese
中国語

Spanish
スペイン語

Italian
イタリア語

チェック36の答え　1

第 4 章
熟語
じゅくご

> この章では英検によく出題される熟語を勉強するよ！

> 2つ以上の単語がくっついて、ひとつの意味になることばの組み合わせを熟語と呼ぶんじゃよ。

重要度 ★★★ 英検4級で非常によく出題される熟語じゃ。確実に覚えよう。

253

look for
〜を探す

He is **looking for** his key.
彼はかぎを探しています。

254

want to *do*
〜したい

do には sing や read など、動詞の原形が入るよ。

I **want to** buy a new skirt.
わたしは新しいスカートを買いたいです。

255

be late for
〜に遅れる、遅刻する

She **was late for** class.
彼女は授業に遅刻しました。

256

be good at
〜がじょうずだ

He **is good at** skiing.
彼はスキーが得意です。

257

like to *do*

like doing でも同じ意味になるよ。

〜するのが好きだ

The girl **likes to** dance.
その女の子はおどるのが好きです。

258

in the future

将来

She wants to be a singer **in the future**.
彼女は将来、歌手になりたいと思っています。

259

have a good time

楽しいときを過ごす

They **had a good time** at the party.
彼らはパーティで楽しいときを過ごしました。

チェック37 日本語に合う英文になるように、（　　）にあてはまる語句を選ぼう。

▶ 彼女は授業に遅刻しました。

She was late （　　　　　） class.

1 in　2 at　3 for

重要度 ★★★

260

wait for
〜を待つ

They are **waiting for** the next bus.
彼らは次のバスを待っています。

261

take a shower
シャワーを浴びる

She **took a shower** before dinner.
彼女は夕ごはんの前にシャワーを浴びました。

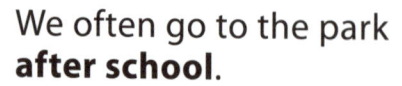

262

after school
放課後に

We often go to the park **after school**.
私たちはよく放課後に公園へ行きます。

263

say goodbye to
〜にさようならを言う

They went to the airport to **say goodbye to** the girl.
彼らはその女の子にさようならを言うために空港に行きました。

チェック37の答え　3

264

look like
〜に似ている、〜のように見える

The boy really **looks like** his brother.
その男の子はお兄さんによく似ています。

265

speak to
〜と話す

Hello. Can I **speak to** Linda?
もしもし。リンダと話したいのですが。

266

become friends with
〜と友だちになる

Eiko **became friends with** them last year.
エイコは昨年、彼らと友だちになりました。

チェック38 日本語に合う英文になるように、（　）にあてはまる語句を選ぼう。

▶ 彼女は夕ごはんの前にシャワーを浴びました。

She （　　　　　） a shower before dinner.

1 spoke　2 looked　3 took

重要度 ★★★

267

enjoy *doing*
〜することを楽しむ

She is **enjoying** listen**ing** to music.
彼女は音楽を聞くのを楽しんでいます。

268

take A to B
A を B に連れていく

My father **took** us **to** the amusement park yesterday.
父はきのう、わたしたちを遊園地に連れていってくれました。

269

go on a trip
旅行に行く

Sam is **going on a trip** to Okinawa by ship.
サムは船で沖縄に旅行に行く予定です。

270

a member of
〜の一員

He is **a member of** the band.
彼はそのバンドの一員です。

チェック38の答え 3

271

for a long time

長い間

She lived in Canada **for a long time**.
彼女はカナダに長い間住んでいました。

272

answer the phone

電話に出る

Can you **answer the phone**, please?
電話に出てもらえますか。

273

There is [are] 〜.

〜がある、いる

There is a supermarket near my house.
家の近くにスーパーマーケットがあります。

チェック39 日本語に合う英文になるように、〔　　　〕にあてはまる語句を選ぼう。

▶ サムは船で沖縄に旅行に行く予定です。

Sam is going 〔　　　〕 a trip to Okinawa by ship.

1 on　2 up　3 of

重要度 ★★★

274

at once
すぐに

Clean your room **at once**.
すぐに部屋をそうじしなさい。

275

for example
例えば

He has some pets. **For example**, a dog and a cat.
彼は何びきかのペットを飼っています。例えば犬やねこなどです。

276

talk to
〜と話す

She is **talking to** Hakase.
彼女はハカセと話をしています。

277

arrive at
〜に到着する

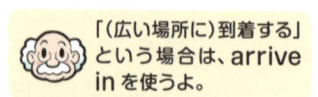

「(広い場所に)到着する」という場合は、arrive in を使うよ。

She **arrived at** New York this morning.
彼女はけさ、ニューヨークに到着しました。

チェック39の答え　1

278

get to
〜に着く、行く

They **got to** the top of the mountain.
彼らは山の頂上に到着しました。

279

after work
仕事のあとに

She sometimes goes to the movies **after work**.
彼女はときどき仕事のあとに映画を見にいきます。

280

get home
帰宅する

My father **got home** at six yesterday.
父はきのう6時に帰宅しました。

チェック40 日本語に合う英文になるように、（　　）にあてはまる語句を選ぼう。

▶ 彼女はけさ、ニューヨークに到着しました。

She （　　　　　） at New York this morning.

1　had　　2　arrived　　3　talked

重要度 ★★★

281

work for
〜で働く

She is **working for** the bank.
彼女はその銀行で働いています。

282

many kinds of
多くの種類の〜

There are **many kinds of** animals in that zoo.
その動物園には多くの種類の動物がいます。

283

stop *do*ing
〜するのをやめる

He **stopped** read**ing** the book and went to bed.
彼は本を読むのをやめて寝ました。

284

leave for
〜に向けて出発する

She **left for** Canada last month.
彼女は先月、カナダに向けて出発しました。

チェック40の答え 2

285

finish *doing*
〜し終わる

She **finished** clean**ing** her room.
彼女は部屋をそうじし終わりました。

286

slow down
スピードを落とす

The car **slowed down** near the corner.
車は曲がりかどの近くでスピードを落としました。

287

come back
帰ってくる、帰宅する

She has to **come back** before dinner.
彼女は夕ごはんの前に帰宅しなければなりません。

チェック41 日本語に合う英文になるように、（　　）にあてはまる語句を選ぼう。

▶ 彼女は部屋をそうじし終わりました。

She （　　　　　　） cleaning her room.

1 came　2 finished　3 worked

288

from A to B
AからBまで

This train goes **from** Tokyo **to** Sendai.
この列車は東京から仙台まで行きます。

289

all over the world
世界中で

This song is popular **all over the world**.
この歌は世界中で人気があります。

290

hear about
〜について聞く

I want to **hear about** your trip to Hawaii.
ハワイ旅行について聞きたいです。

291

say hello to
〜によろしく言う

Please **say hello to** your parents for me.
ご両親によろしくお伝えください。

チェック41の答え　2

292

take a trip

旅行をする

My family **took a trip** to Hokkaido last month.
わたしの家族は先月、北海道に旅行しました。

293

have a test

テストを受ける

They **had a test** today.
彼らはきょうテストを受けました。

294

wake up

目が覚める

He **woke up** early this morning.
彼はけさ早く目が覚めました。

チェック42 日本語に合う英文になるように、　　　　にあてはまる語句を選ぼう。

▶ ハワイ旅行について聞きたいです。

I want to 　　　　 about your trip to Hawaii.

1　wake　　2　hear　　3　take

295

start *doing*

〜し始める

She **started** play**ing** the violin when she was twelve.
彼女は12歳のときにバイオリンをひき始めました。

296

again and again

何度も

She read the book **again and again**.
彼女はその本を何度も読みました。

297

like *doing*

〜するのが好きだ

He **likes** fish**ing** in the river.
彼は川で釣りをするのが好きです。

298

a glass of

グラス1ぱいの〜

Can I have **a glass of** milk?
牛乳を1ぱいもらえますか。

チェック42の答え　2

299

all day
一日中

It was rainy yesterday and I stayed at home **all day**.
きのうは雨で一日家にいました。

300

a lot
たくさん

It snows **a lot** in Hokkaido.
北海道ではたくさん雪がふります。

301

call back
折り返し電話する、かけ直す

I'm busy now. I'll **call back** later.
今はいそがしいので、あとで折り返し電話します。

チェック43 日本語に合う英文になるように、（　　）にあてはまる語句を選ぼう。

▶ 彼は川で釣りをするのが好きです。

He （　　　　　） fishing in the river.

1 calls　2 starts　3 likes

重要度 ★★☆

英検4級でよく出題される熟語じゃ。しっかり覚えよう。

302

go on a picnic
ピクニックに行く

They **went on a picnic** last weekend.
彼らは先週末、ピクニックに行きました。

303

get back to
〜に帰ってくる

She **got back to** Japan last week.
彼女は先週、日本に帰ってきました。

304

on sale
特価で、特売で

The T-shirts are **on sale** at that store.
その店ではTシャツを特売しています。

305

next to
〜のとなりに

Bill is standing **next to** his father.
ビルは父親のとなりに立っています。

チェック43の答え　3

306

lots of

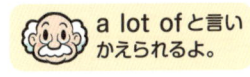

多くの〜

a lot of と言いかえられるよ。

There are **lots of** flowers in the basket.
かごの中にたくさんの花が入っています。

307

take a walk

散歩をする

She is **taking a walk** with her friends.
彼女は友だちと散歩をしているところです。

308

over there

むこうに、むこうの

Look at the flowers **over there**.
むこうの花を見てください。

チェック44 日本語に合う英文になるように、□にあてはまる語句を選ぼう。

▶ その店ではTシャツを特売しています。

The T-shirts are on □ at that store.

1 sale　2 walk　3 picnic

309

in front of
〜の前で、前に

Let's meet **in front of** the station.
駅の前で会いましょう。

310

have a cold
風邪(かぜ)をひく

She **has a cold**.
彼女は風邪をひいています。

311

try to *do*
〜しようとする

Sam is **trying to** remember some French words.
サムはいくつかのフランス語の単語を覚えようとしています。

312

be happy to *do*
〜してうれしい

I**'m happy to** hear that.
それを聞いてうれしいです。

チェック44の答え　1

313

be ready for
〜の準備ができている

I'**m ready for** the trip.
わたしは旅行の準備ができています。

314

help A with B
A の B を手伝う

My brother often **helps** me **with** my homework.
兄はよくわたしの宿題を手伝ってくれます。

315

go back to
〜に帰る

She will **go back to** Canada next month.
彼女は来月、カナダに帰ります。

チェック45 日本語に合う英文になるように、（　　）にあてはまる語句を選ぼう。

▶ 駅の前で会いましょう。

Let's meet in （　　　　　　） of the station.

1　back　　2　cold　　3　front

重要度 ★★☆

316

take a bath
ふろに入る

He is **taking a bath** now.
彼は今ふろに入っています。

317

need to *do*
〜する必要がある

I **need to** buy a new bag.
わたしは新しいかばんを買う必要があります。

318

hope to *do*
〜したい、〜することを望む

She **hopes to** become a nurse.
彼女は看護師になりたいです。

319

take A for a walk
A を散歩に連れていく

He **takes** his dog **for a walk** every morning.
彼は毎朝、犬を散歩に連れていきます。

チェック45の答え　3

320

hurry up
急ぐ

Hurry up! You are late for school.
急ぎなさい。学校に遅れるわよ。

321

have a sale
セールを行う

That supermarket will **have a sale** next week.
そのスーパーマーケットは来週セールを行います。

322

hear from
〜から便りがある

I am happy to **hear from** you.
あなたからお便りをいただいてうれしいです。

チェック46 日本語に合う英文になるように、（　　）にあてはまる語句を選ぼう。

▶ 彼女は看護師になりたいです。

She （　　　　　　） to become a nurse.

1 hears　2 hopes　3 has

不規則動詞 ❶

> 過去形が〈原形＋(e)d〉以外の形になる動詞を、不規則動詞と呼ぶよ。このページと122ページに表にしたので、しっかり覚えよう。

原形	過去形	意味
become	became	～になる
begin	began	～を始める
bring	brought	～を持ってくる、連れてくる
buy	bought	～を買う
catch	caught	～をつかまえる
come	came	来る
cut	cut	～を切る
do	did	～をする
draw	drew	（線で）～を描く
drink	drank	～を飲む
drive	drove	運転する、車で行く
eat	ate	～を食べる
feel	felt	～の感じがする
find	found	～を見つける
forget	forgot	～を忘れる
get	got	～を手に入れる、買う
give	gave	～を与える
go	went	行く
have	had	～を持っている
hear	heard	～が聞こえる
know	knew	～を知っている
leave	left	去る、出発する

チェック46の答え　2

第5章 会話表現

この章では英検によく出題される会話表現を覚えよう!

英語のあいさつや会話でよく使う表現じゃ。聞いたことのある表現はあるかな?

重要度 ★★★

英検4級で非常によく出題される会話表現じゃ。確実に覚えよう。

323

A: Hello. May I help you?
ご用件をうかがいましょうか。

Can I help you? とも言うよ。

B: Yes. Where are the women's shirts?
はい。女性もののシャツはどこにありますか。

324

A: How much is this jacket?
このジャケットはいくらですか。

B: It's 50 dollars.
50ドルです。

325

A: Can I use your dictionary?
あなたの辞書を使ってもいいですか。

B: Sure. Here you are.
もちろんです。どうぞ。

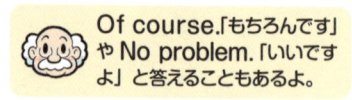

Of course.「もちろんです」やNo problem.「いいですよ」と答えることもあるよ。

326

A: Do you want something to drink?
何か飲みものはいる?

B: Yes, I'd like some coffee.
うん、コーヒーがほしいな。

327

A: Eat your tomatoes. They're good for you.
トマトを食べなさい。体にいいんだ。

B: Oh, all right.
ええ、わかったわ。

328

A: How often do you have guitar lessons?
ギターのレッスンはどのくらいの頻度でありますか。

B: Twice a week.
週に2回です。

329

A: Do you have any pets, Cindy?
シンディ、何かペットを飼ってる?

B: Yes, I have a cat. How about you?
ええ、ねこを1ぴき飼ってるわ。あなたは?

チェック47 自然な会話になるように、□にあてはまる応答を選ぼう。

A: How much is this jacket?

B: 　　　

1 Here you are.　2 Twice a week.　3 It's 50 dollars.

重要度 ★★★

330

A: Do you need any help?
手伝いましょうか。

B: That's OK.
だいじょうぶです。

331

A: What's the problem?
どうかしましたか。

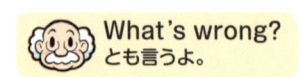

What's wrong? とも言うよ。

B: I can't find my key.
かぎが見つからないんです。

332

A: Can you help me with dinner?
夕ごはんの手伝いをしてくれる？

B: Of course, Mom.
もちろんだよ、お母さん。

333

A: How many pens do you need?
ペンは何本必要ですか。

B: I want two.
2本ほしいです。

チェック47の答え　3

334

A: I can't finish my homework. It's very difficult.
宿題が終わらないわ。とても難しいの。

B: Don't worry. I can help you.
心配しないで。手伝ってあげるよ。

> Don't give up.「あきらめないで」という表現も覚えておこう。

335

A: What kind of music do you like?
どんな種類の音楽が好きですか。

B: I like jazz.
ジャズが好きです。

336

A: Would you like some cake?
ケーキをいかがですか。

B: Yes, please.
はい、お願いします。

> 断るときは No, thanks.「いいえ、けっこうです」と言うよ。

チェック48 自然な会話になるように、（　　　）にあてはまる応答を選ぼう。

A: Would you like some cake?

B: （　　　）

1 Yes, please.　2 I like jazz.　3 Don't worry.

重要度 ★★★

337

A: **I have two tickets for the concert tonight. Do you want to go?**
今夜のコンサートチケットを 2 枚持っているんだ。行きたい?

B: **Sure. I'd love to.**
もちろん。行きたいわ。

338

A: **Have a nice weekend.**
よい週末を。

B: **You, too.**
あなたも。

「よい休日を」なら Have a nice holiday. と言うよ。

339

A: **How long will you stay in Canada?**
カナダにはどのくらい滞在するのですか。

B: **Five days.**
5 日です。

340

A: **I didn't go to school yesterday.**
きのうは学校に行きませんでした。

B: **Why not?**
なぜですか。

チェック48の答え　1

341

A: **I'm going to go to the beach.**
ビーチに行くんだ。

B: **Have fun.**
楽しんできてね。

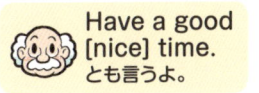

Have a good [nice] time. とも言うよ。

342

A: **Mom, I finished washing the dishes.**
お母さん、皿あらいが終わったよ。

B: **You did a good job.**
がんばったわね。

単に Good job. と言う場合もあるよ。

343

A: **I have a bad cold.**
ひどい風邪をひいているんだ。

B: **That's too bad.**
お気のどくに。

チェック49 自然な会話になるように、□ にあてはまる応答を選ぼう。

A: **Have a nice weekend.**

B:

1 Five days.　2 You, too.　3 That's too bad.

重要度 ★★☆

英検4級でよく出題される会話表現じゃ。しっかり覚えよう。

344

A: What do you think of this skirt?
このスカートをどう思う?

B: It's cute.
かわいいね。

345

A: Dad, can I go to Cindy's house?
お父さん、シンディの家に行ってもいい?

B: OK, but it'll be dark soon. Be careful.
いいよ。でももうすぐ暗くなる。気をつけるんだよ。

346

A: Hello. This is Eiko. Can I speak to Sam?
もしもし、エイコです。サムをお願いできますか。

B: Just a minute.
少々お待ちください。

> Just a moment. とも言うよ。

347

A: Here, have some more pizza.
ほら、もう少しピザを食べて。

B: No, thanks. I'm full.
いいえ、けっこうです。おなかがいっぱいです。

チェック49の答え　2

348

A: **May I see your passport, please?**
パスポートを見せていただけますか。

B: **Here you are.**
はい、どうぞ。

349

A: **How about going to the movies?**
映画に行くのはどう?

B: **Sounds great.**
それはいいね。

350

A: **May I go to the bathroom?**
トイレに行ってもいいですか。

B: **All right.**
いいですよ。

チェック50 自然な会話になるように、□にあてはまる応答を選ぼう。

A: **How about going to the movies?**

B:

1 Sounds great.　2 Be careful.　3 Here you are.

重要度 ★★☆

351

A: How do you like your new art club?
新しい美術部はどうですか。

B: I love it.
気に入っています。

352

A: I'd like to send this postcard to Australia.
このはがきをオーストラリアに送りたいのですが。

B: Sure.
わかりました。

353

A: How old is your brother?
お兄さんは何歳ですか。

B: He's seventeen.
17歳です。

354

A: How was the party?
パーティはどうだった？

B: It was a lot of fun.
とても楽しかったわ。

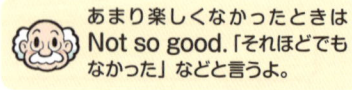

> あまり楽しくなかったときは Not so good.「それほどでもなかった」などと言うよ。

355

A: **Shall I take a picture for you?**
写真をおとりしましょうか。

B: **Thank you.**
ありがとうございます。

356

A: **Come back before lunch.**
昼ごはんの前に帰ってくるんだよ。

B: **I will.**
そうします。

357

A: **Good night, Mom.**
お母さん、おやすみなさい。

B: **Good night, Sam. Have a good night's sleep.**
おやすみ、サム。よく寝てね。

チェック51 自然な会話になるように、□にあてはまる応答を選ぼう。

A: **Come back before lunch.**

B:

1 It was a lot of fun.　2 I love it.　3 I will.

重要度 ★★☆

358

A: **Thank you for coming to the party.**
パーティに来てくれてありがとう。

B: **You're welcome.**
どういたしまして。

359

A: **Hello. May I speak to Cindy, please?**
もしもし、シンディをお願いできますか。

B: **Yes, who is calling?**
はい、どちらさまでしょうか。

360

A: **What can we get for Dad's birthday?**
お父さんの誕生日に何を買おうか。

B: **I have no idea.**
思いつかないな。

361

A: **How high is Mt. Fuji?**
富士山はどのくらい高いですか。

B: **It's 3,776 meters.**
3,776メートルです。

チェック51の答え　3

362

A: **I need an eraser.**
消しゴムが必要なんだけど。

B: **Here, use mine.**
ほら、私のを使って。

363

A: **Is Cindy coming to the party tonight?**
シンディは今夜パーティに来るかな。

B: **I hope so.**
来るといいけど。

364

A: **I'll carry the bags for you.**
かばんを持ちましょう。

B: **Thanks for your help.**
手伝ってくれてありがとう。

チェック52 自然な会話になるように、（　　　）にあてはまる応答を選ぼう。

A: Hello. May I speak to Cindy, please?

B: （　　　）

1 I have no idea.　2 Yes, who is calling?
3 You're welcome.

不規則動詞 ❷

p.108で覚えた不規則動詞の続きだよ。不規則動詞は重要なものばかり。しっかり覚えよう。

原形	過去形	意味
lose	lost	～を失う、なくす
make	made	～を作る
meet	met	(～に)会う
put	put	～を置く
read	read	～を読む
ride	rode	(～に)乗る
run	ran	走る
say	said	言う
see	saw	～を見る
send	sent	～を送る
sing	sang	～を歌う
sleep	slept	ねむる
speak	spoke	～を話す、おしゃべりをする
swim	swam	泳ぐ
take	took	〈乗りもの〉に乗る、〈写真〉をとる
teach	taught	～を教える
tell	told	～を話す、伝える
wake	woke	起きる
wear	wore	～を着ている
win	won	～に勝つ
write	wrote	～を書く

チェック52の答え　2

さくいん

このさくいんには、この本で取り上げた単語、熟語、会話表現が、それぞれアルファベット順に掲載されています。数字はページ番号を示しています。

単語

a
- across 63
- actor 64
- address 43
- again 49
- ago 48
- airport 15
- also 54
- amusement park 33
- angry 62
- answer 79
- apartment 29
- around 57
- artist 64
- ask 72
- aunt 44
- Australia 86

b
- bad 54
- band 15
- beach 12
- beautiful 52
- become 77
- beef 19
- begin 81
- boat 13
- Brazil 86
- bring 73
- brother 44
- busy 48
- buy 66

c
- call 71
- Canada 86
- catch 80
- cell phone 31
- change 84
- check 85
- cheese 34
- cherry 25
- China 86
- Chinese 86
- classmate 28
- clean 70
- close 84
- closed 57
- clothes 22
- cloud 37
- cloudy 58
- college 17
- come 68
- contest 18
- corner 29
- cousin 44
- cut 80
- cute 54

d
- daughter 44
- delicious 59
- different 55
- difficult 52
- dirty 62
- doctor 64
- dolphin 26
- doughnut 30
- draw 76
- dream 42
- dress 23
- drink 76
- drive 82
- drum 33

e
- early 48
- easily 62
- easy 61
- eat 69
- elementary school 40
- elephant 26
- elevator 39
- e-mail 15
- end 81
- England 86
- English 86
- excited 56

f
- face 35
- family 44
- famous 52
- farm 14
- father 44
- favorite 46
- feel 81
- festival 11
- find 71
- finish 75
- fire fighter 64
- first 47
- floor 20
- forget 78
- France 86
- free 51

	French	86	knife	42	paper	36
	fruit	16	know	74	parents	44
	full	51	**l ▸** lake	21	part	33
	fun	12	language	29	peach	40
g ▸	garden	14	large	59	penguin	30
	gate	39	late	46	pianist	64
	get	67	learn	78	picnic	17
	gift	39	leave	74	pilot	64
	give	70	lemon	32	place	21
	go	66	library	10	plane	21
	golf	22	look	70	plant	83
	grandfather	44	lose	83	play	67
	grandmother	44	love	73	pond	43
	grandparents	44	lunchtime	30	popular	58
	gray	53	**m ▸** mailbox	43	poster	25
h ▸	hard	54	map	24	practice	10
	hear	80	match	28	price	38
	heavy	60	meet	68	problem	12
	help	68	meeting	20	professional	61
	history	18	member	22	program	23
	hobby	19	mother	44	puppy	30
	hospital	20	movie theater	24	put	78
	hot	51	museum	18	**q ▸** question	34
	hotel	13	**n ▸** near	46	quiet	59
	hungry	50	need	72	quiz	42
	husband	44	New Zealand	86	**r ▸** radio	34
i ▸	I	44	news	32	rainy	56
	information	27	next	46	ready	48
	interesting	53	nurse	40, 64	receive	85
	invite	84	**o ▸** often	47	remember	82
	Italian	86	once	50	report	26
	Italy	86	onion	36	restaurant	10
j ▸	Japan	86	only	52	ride	74
	Japanese	86	open	49	run	79
	join	85	outside	56	**s ▸** sad	56
k ▸	key	27	**p ▸** painting	38	salad	16

sale	19	stay	70	useful	60
salt	37	stew	23	**V ▸** vacation	13
same	62	street	25	vegetable	18
schoolyard	42	subject	11	visit	69
sea	27	sunny	55	volunteer	22
season	17	surprised	60	**W ▸** walk	72
seat	40	swim	73	want	66
see	68	**t ▸** take	67	warm	58
sell	83	talk	66	wash	74
send	76	taxi	31	washing machine	36
sheep	41	taxi driver	64	watch	69
ship	41	teach	72	way	20
show	75	team	14	wear	78
sick	50	tell	77	weather	12
sing	77	tent	38	wife	44
singer	64	Thailand	86	win	82
sister	44	the U.S.	86	word	28
size	26	thing	16	world	34
sky	35	thirsty	60	write	71
sleep	80	ticket	11	writer	64
sleepy	58	tired	50	**y ▸** young	61
slowly	63	toast	32		
smart	63	together	47		
smile	84	top	24		
snack	28	towel	41		
socks	32	town	16		
someday	57	toy	35		
son	44	travel	82		
soon	49	trip	10		
Spain	86	trumpet	37		
Spanish	86	try	79		
speak	75	twice	53		
special	55	**u ▸** umbrella	14		
speech	24	uncle	44		
stadium	31	uniform	36		
star	38	use	76		

熟語

a glass of	100	get back to	102	need to do	106
a lot	101	get home	95	next to	102
a member of	92	get to	95	on sale	102
after school	90	go back to	105	over there	103
after work	95	go on a picnic	102	say goodbye to	90
again and again	100	go on a trip	92	say hello to	98
all day	101	have a cold	104	slow down	97
all over the world	98	have a good time	89	speak to	91
answer the phone	93	have a sale	107	start doing	100
arrive at	94	have a test	99	stop doing	96
at once	94	hear about	98	take a bath	106
be good at	88	hear from	107	take A for a walk	106
be happy to do	104	help A with B	105	take a shower	90
be late for	88	hope to do	106	take A to B	92
be ready for	105	hurry up	107	take a trip	99
become friends with	91	in front of	104	take a walk	103
call back	101	in the future	89	talk to	94
come back	97	leave for	96	There is [are] 〜.	93
enjoy doing	92	like doing	100	try to do	104
finish doing	97	like to do	89	wait for	90
for a long time	93	look for	88	wake up	99
for example	94	look like	91	want to do	88
from A to B	98	lots of	103	work for	96
		many kinds of	96		

会話表現

All right.	111, 117
Be careful.	116
Can I go to Cindy's house?	116
Can I speak to Sam?	116
Can I use your dictionary?	110
Can you help me with dinner?	112
Do you need any help?	112
Do you want something to drink?	110
Don't worry.	113
Good night.	119
Have a good night's sleep.	119
Have a nice weekend.	114
Have fun.	115

Hello. This is Eiko.	116
Here you are.	110, 117
Here, have some more pizza.	116
Here, use mine.	121
How about going to the movies?	117
How about you?	111
How do you like your new art club?	118
How high is Mt. Fuji?	120
How long will you stay in Canada?	114
How many pens do you need?	112
How much is this jacket?	110
How often do you have guitar lessons?	111
How old is your brother?	118
How was the party?	118
I have no idea.	120
I hope so.	121
I love it.	118
I will.	119
I'd like some coffee.	110
I'd like to send this postcard to Australia.	118
I'd love to.	114
It was a lot of fun.	118
Just a minute.	116
May I go to the bathroom?	117
May I help you?	110
May I see your passport, please?	117
May I speak to Cindy, please?	120
No, thanks. I'm full.	116
Of course.	112
Shall I take a picture for you?	119
Sounds great.	117
Sure.	110, 114, 118
Thank you for coming to the party.	120
Thank you.	119
Thanks for your help.	121
That's OK.	112
That's too bad.	115
What can we get for Dad's birthday?	120
What do you think of this skirt?	116
What kind of music do you like?	113
What's the problem?	112
Who is calling?	120
Why not?	114
Would you like some cake?	113
Yes, please.	113
You did a good job.	115
You, too.	114
You're welcome.	120

出る順で最短合格！英検®4級 単熟語

2011年8月5日　初版発行
2024年9月20日　第21刷発行

編　者　　ジャパンタイムズ
　　　　　© The Japan Times, Ltd., 2011
発行者　　伊藤秀樹
発行所　　株式会社 ジャパンタイムズ出版
　　　　　〒102-0082　東京都千代田区一番町2-2
　　　　　　　　　　　一番町第二TGビル2F
　　　　　ウェブサイト　https://jtpublishing.co.jp/
印刷所　　日経印刷株式会社

本書の内容に関するお問い合わせは、上記ウェブサイトまたは郵便でお受けいたします。
定価はカバーに表示してあります。
万一、乱丁落丁のある場合は、送料当社負担でお取り替えいたします。
ジャパンタイムズ出版・出版営業部あてにお送りください。

Printed in Japan　ISBN978-4-7890-1456-4

本書のご感想をお寄せください。
https://jtpublishing.co.jp/contact/comment/